다시 시작하기 딱 좋은 나이, 마흔

김효정

직업 말고 내:일 찾는 프로젝트

나는 이 일을 왜 하는가
누구를 위해, 어떤 일을 하며 살 것인가
그래서, 나는 어떻게 살고 싶은가

이런 질문들에 대해 고민하는 일은 팔자 좋은 그리스 귀족에게나 허락된 것으로 생각했다. 의미 있는 삶보다는 당장 사회에 나가 어른 구실을 할 수 있는 삶이 내겐 먼저였고, 무엇이 나를 행복하게 하는지 궁금해하기 이전에 행복하게 살기 위해서 돈이 필요했다. 당연히 나의 모든 시간은 취업 준비를 위해 쓰였고, 사치스럽게만 보이는 저 질문들에 대해 한 번도 고민해 보지 않은 채로 직장인이 되었다.

나의 첫 번째 직업은 공무원이었다.
거의 모든 사회 초년생이 그러하겠지만 특히나 공무원은 소위 말하는 금융 치료가 가능한 직업은 아니었다. 매달 내가 벌어들이는 돈은 정말 딱 "내 한 몸 먹여 살릴 수 있을" 정도의 돈 이었고 나는 일에서 의미나 즐거움, 행복은커녕 생계 이상의 물질적인 보상조차도 기대할 수 없었다. 분명 눈을 뜨면 하루 종일 "일"이라는 것을 하고 집에 오건만 그 대가는 정말 "오늘 내가 먹을 삼겹살"뿐이었다. 취준생 시절 돈이 궁해 밥버거와 냉동 닭가슴살로 끼니를 때우던 때를 생각하면 가히 놀라운 발전이었으나 삼겹살은 내가 일하는 이유, 내가 살아있어야 하는 이유가 되어주지는 못했다.

집도 장만하고, 아이도 다 키워놓고, 느긋하게 커피나 한잔하며 고민해 볼 계획이었던 그 사치스러운 질문들이 매일 나를 짓눌렀고, 어쩌면 이 질문들에 대답할 수 있는 여유로운 조건들이 갖춰지기 전에 내가 먼저 죽을 수도 있겠다는 생각이 들었다. 나는 일단 지금 살아있고 싶었고, 살아있기 위해서 일에 대한, 삶에 대한 나만의 철학이 절실하게 필요했다.

[직업 말고, 내:일 찾기] 프로젝트는 개인이 저마다의 '일에 대한 철학'을 정리하고, 자신만의 답을 구체화할 수 있도록 돕기 위해 시작되었다. 어떻게 하면 이 질문들에 대해 조금 더 쉽게 대답해 볼 수 있을까?" 고민했고, 회차별로 질문의 순서와 흐름을 만들었다. 이 일을 왜 하는지, 누구를 위해 어떤 일을 할 것인지, 그래서 나의 삶을 어떻게 꾸려가 볼 것인지" 거대한 담론을 잘게 쪼개어 차근하게 하나씩 고민해 볼 수 있도록 구성했다.

이렇게 기획된 프로젝트를 살아 숨 쉬는 일로 만들어 준 건 함께해 준 사람들이었다. 약속된 시간에 앉아 글을 쓰고, 같은 질문에 대해 고민하며 생각을 나누는 동안, 누군가의 답은 또 다른 누군가에게 질문이 되어주기도 했다.

그렇게 6회차에 걸쳐 적어 내려간 글들이 엮여 총 세 권의 책이 되었고, 그 안에는 작가님이 자기만의 언어로 써 내려간 답안이 담겨 있다. 또 프로젝트를 진행하는 동안, 언젠가 이 책을 펼쳐 들 독자를 떠올리며 적어 내려간 작가님들만의 질문도 함께 담겼다.

이 여정을 기꺼이 함께 걸어 주신 작가님들께 깊이 감사드리며, 이제는 이 책을 펼쳐 든 당신의 차례다. 삶의 변곡점에 서 있건, 새로운 길을 시작하려 하건, 어떤 이유에서든 이 책을 집어 들었다는 것은 아마 당신 역시 이런 물음들과 마주하고 싶었기 때문일 것이다. 이 책이 당신만의 내:일"을 찾아가는 여정에 도움이 되기를 바란다.

내:일 설계소 대표 이은지

차 례

직업 말고 내:일 찾는 프로젝트

1장 | 내가 좋아하는 일

남의 일에 참견하기	8
책에 매료된 인생	11
행사의 달인	14

2장 | 내가 잘하는 일

숲을 만들어내는 사람	20
숲을 보게하는 사람	23
숲을 함께 가꾸는 사람들	26

3장	**내가 일하는 법**	
	우리의 속도로	32
	건강하게 집중하는 법	36
	냥집사의 하루	39
4장	**내가 하고 싶은 일**	
	N년 후의 나	44
	방황 예방 체크리스트	47
	나를 이해하는 여정	50

1장

내가 좋아하는 일

남의 일에 참견하기

생전 처음 돈을 벌어본 경험은 갓 스무 살이 되던 겨울, 한 달 일했던 보드게임 카페에서였다. 명덕외고 앞 2층에 유행에 따라 생긴 꽤나 넓은 곳이었다. 주방에서 만든 음료를 손님 테이블까지 서빙하는 일과 할리갈리처럼 간단한 보드게임 규칙을 설명하는 일을 했다. 사장님 부부는 친절하고 좋은 분들이었지만 알바생 교육이 체계적이지 못해 업무를 숙지하는 데에 애를 먹었던 기억이 난다.

대학에 들어가고 나서는 중고등학생 영어, 수학 과외를 주로 했다. 신촌에 있던 과외 중개 업체에 학생증 사본을 내고 등록하여 첫달 40% 수수료를 떼주면서 몇 그룹 맡아서 했다. 가르쳤던 모든 학생들이 하위

권이었고 공부에 관심이 없었기에 화내지 않는 훈련을 실컷 했다.

취업 준비생 시기에는 세계경제위기로 인해 대기업 공채 시장이 얼어붙었다. 남자 공대생들이야 원하는 기업으로 골라 들어갔지만 인문학을 전공한 여자는 설 자리가 없었다. 그래서 세상에서 두 번째로 좋아하는 일을 직업으로 삼기로 결심했다. 세상에서 첫 번째로 좋아하는 일은 '예술'이었고, 두 번째는 '남의 일에 참견하기'였다.

영등포에 있는 남부고용정보센터로 찾아가 직업상담사의 도움을 받았다. 정부에서 인건비를 대고 지역 NGO에 인력을 파견하는 사업이 있어 신청했다. 기관 명단 중 '국제'가 붙은 곳이 딱 하나 있어 그곳을 원했지만 이미 다른 사람이 매칭되었다고 했다. 나는 다른 곳을 선택하는 대신 기다려보기로 했다. 다행히도 먼저 신청한 사람이 사정상 취소하는 바람에 급하게 나에게 차례가 돌아왔다. 그곳은 결혼이주여성을 돕는 국제NGO였다. 5개월간 인턴십을 하는 동안 아무도 시키지 않았지만 15개 대학에 봉사동아리를 만들어냈다. 내가 이 회사를 그만 둔 이후에도 남 일에 참견하는 사람들을 남기고 싶다는 생각에서였다.

그 후에는 중견기업 소속 문화재단에 들어가 법인 출판사를 창업하고 운영했다. 8개월 정도 다니다가 국내 최대 규모의 민간 장학재단으로 이직하여 11년 5개월 동안 일했다. 그 과정에서 청소년학 학사 학위와 청소년지도사 2급 자격증, 교육학 석사 학위도 취득했다. 진심으로 남의 일, 특히 어려운 청소년에 관심을 가졌고 그들을 돕기 위해 최선을 다했다.

장학재단에서 퇴사한 후에는 '문화기획 서로'를 창업하고 '집사의 책장'이라는 독립서점을 운영했다. 지역의 경력단절여성, 예술인, 장애인 가족 등의 일에 실컷 참견했다. 동시에 은둔, 고립 청년에게 애틋함을 가지고 강의와 연구를 수행하며 먹고 살았다. 그렇게 마흔이 되었다.

책에 매료된 인생

맞벌이 가정의 외동딸에게는 방과후에 할 일이라고는 학원 외에 책밖에 없었다. 가정 형편이 좋지 않아 케이블 TV가 나오지 않아, 강서도서관에서 운영하는 이동도서관 버스를 일주일 내내 기다려 고르고 고른 책 5권을 빌려보는 것이 낙이었다. 두세 번씩 읽고 집에 쌓인 중고 위인전 세트까지 뒤적이고 나면 일주일이 지나있었다.

중학생 때부터는 해외명작소설도 곧잘 읽었다. 고등학생 때에는 언어영역 문학 문제를 풀며 시 한 구절에 눈물을 또르륵 흘리기도 했다. 대학 입시원서를 인문과학부로 넣고, 2학년 때 세부 전공을 국어국문학과로 선택한 것은 자연스러운 일이었다. 동아리까지 문학회를 했으니 책 중독자라고 할만했다.

대학 졸업 후 처음 정규직으로 일했던 회사에서는 법인 출판사를 창업하여 2권의 단행본을 편집했고 베스트셀러에 올라가기도 했다. 두 번째 정규직 회사에서는 유일한 국문과 출신으로서 각종 종이책과 전자책의 원고 작성과 편집을 맡았다.

퇴사 후 창업을 했을 때도 다양한 업종 중 책방을 선택했다. "요즘 책이 팔리나요? 이거 해서 돈이 되나?" 집사의 책장에 방문하는 대부분의 사람들이 했던 말이다. 더 이상 책을 읽지 않고 자신만의 책을 만들고 싶어하는 시대, 듣기 보다는 말하기만을 원하는 이 시대에 책과 책방이 존재해야 하는 의미가 있을지 흔들렸다. 책 팔아서 돈을 벌지 못하기에 나 자신을 자신있게 책방지기라고 소개하지 못했다.

2년여 간의 책방 운영을 접고 2024년 여름, 동료 변아롱 작가에게 공간을 넘겼다. 현재는 '문화예술창작소 그리다'라는 이름으로 평일에는 여성 전용 공유 작업실로, 주말에는 책방으로 운영되고 있다. 이곳에서는 그림책 창작 및 제작, 그림책 전시 및 네트워킹

파티, 작가와의 만남, 북바인딩 클래스, 출판인 네트워크, 독립출판물 출간 등 책과 관련된 다양한 활동이 지속적으로 열린다. 덕분에 입주작가로서 재미있게 참여하고 있다.

행사의 달인

가장 오래 일했던 직장은 장학재단이었다. 형편이 어려운 국내외 청소년을 위해 교육사업을 지원하는 공모를 맡아 운영하였는데, 선정된 학교와 사회복지기관의 선생님을 대상으로 역량강화 프로그램도 다수 진행하였다.

프로그램의 시작을 알리기 위해 연수실 앞으로 등장할 때면, 한 손에 마이크를 쥐고 다른 한 손을 크게 흔들며 외쳤다. "안녕하세요~!" 마치 전국노래자랑 MC가 된 것처럼 텐션을 한껏 올려 익살스러운 표정을 지었다. 남녀노소 선생님들의 웃음소리가 긴장된 공기를 밀어냈다.

다양한 지역에서 다양한 배경을 가진 사람들에게 정보를 전달하는 일은 쉽지 않았다. PPT 화면을 보며 설명하는 것만으로는 지루하여 지원기관 담당자의 권위를 내려놓고 가까이 다가갈 수 있는 전략을 쓰기도 했다.

예를 들자면 선생님들께 사업평가 방법을 전달하기 위해 평가지를 미리 나누어드리고 동료들과 함께 우쿨렐레 공연을 보여드렸다. 모두 초보였지만 뻔뻔스러운 얼굴로 연주와 노래를 했다. 선생님들은 터지는 웃음을 참지 못하며 신랄하게 평가를 써내려갔다.

모두의 시선을 받을 때마다 희열이 느껴졌다. 사람들과 교감하며 중요한 정보를 각인시키는 작업이 좋았다. 마음이 열리고 자연스러운 소통이 이루어지고 무언가 얻어가는 행사, 다시 또 오고 싶은 행사를 만드는 멋진 나. 그야말로 빠져들었다.

그런데 승진과 동시에 부서 이동을 한 뒤부터는 주로 반복적인 업무를 하게 되었다. 점점 욕구불만이 쌓여갔다. 개성이 드러나지 않는 이런 일로는 끼를 해소할 수 없었다.

이런저런 사유로 퇴사를 하고 나서는 문화기획자 로서 지역에서 종종 행사를 기획했다. 지역 예술인 들과 파티도 하고 주민들을 초대하여 자선 바자회도 열었다. 북토크, 클래스, 창작모임 등 다양한 소모임도 운영했다. 그때마다 어김없이 사회를 보며 다른 사람들의 시선과 박수를 즐겼다.

이러한 몰입은 다수의 사람들과 빠른 시간 내에 라포를 형성하게 하였고 신뢰할 수 있는 동료들을 만날 수 있게 하였다. 그리고 무엇보다 삶에서의 만족도를 한껏 높여주었다.

피곤을 잊을 정도로
푹 빠져든 일이 있었나요?

2장

내가 잘하는 일

숲을 만들어내는 사람

건강이 좋지 않은 편이라 내가 지역에서 언제까지 일할 수 있을지 걱정된다. 내가 없더라도 자생적으로 돌아가는 시스템이 생기기를 바라는 마음이 강하다. 그래서 새로운 것을 기획하고 운영하는 과정을 동료 작가들에게 아낌없이 보여주었고, 인큐베이팅을 마친 프로젝트의 주도권을 그들에게 넘겨주어 성장하는 모습을 지켜보았다.

집사의 책장을 정리하기로 마음 먹은 날, 동료 작가들은 이 공간을 지키기 위해 머리를 맞댔다. 임정은 작가님의 제안으로 임대료를 십시일반 나누어 내기로 했고, 변아롱 작가가 총대를 매었다.

우리의 아지트는 '문화예술창작소 그리다'로 살아남을 수 있었다. 새로운 공간주인 변아롱 작가가 기획자로 성장할 수 있도록 곁에서 1년 정도 도왔는데 그의 성장을 지켜보는 것이 즐거웠다.

변아롱 작가는 만화를 전공했으나 등단하지 못했고 디자이너로 오래 일해왔다. 출산 이후에는 뇌병변장애인 아들의 양육을 전담하느라 경력이 단절되기도 했다. 우리는 2022년에 양천문화재단 행사에서 처음 만났다. 사람을 좋아하고 베풀기를 좋아하는 선량한 마음과, 호기심이 왕성하고 배움에 갈급한 모습에 호감이 갔다. 마침 집사의 책장 공간이 생기면서 기획자와 디자이너의 관계로 다양한 프로젝트를 함께했다.

초반에는 체계적이고 이성적인 나와 즉흥적이고 감성적인 변아롱 작가의 합이 맞지 않았지만 점차 서로에게 익숙해져갔다. 그러나 몸이 약한 나를 대신해 공간을 돌봐주었고 급한 디자인 외주도 밤을 새워가며 해 준 의리를 잊지 못한다.

변아롱 작가에게 문화예술 클래스 기획, 홍보 글쓰기, 지역 주민들과 관계 맺기, 지역 기관과의 협력, 행사 기획과 운영 등을 아낌없이 알려주었다.

함께한지 3년이 되니 그는 지역에서 인정받는 기획자가 되었다. 문화예술 수업이 늘었고 지역 축제에도 자주 참여한다. 그리다 입주작가 관리도 잘해서 가입과 탈퇴가 반복되는 중에도 일정 규모를 유지하고 있다.

이렇게 멋진 기획자와 창작공동체를 지역에 남길 수 있어 충족감이 크다. 이는 경제적으로 어렵거나 번아웃이 왔을 때에도 나를 버티게 하는 힘이 되었다.

숲을 보게 하는 사람

직장 생활을 하면서 업무 특성상 다양한 사람들을 만났다. 서울 사람, 중소도시 사람, 면이나 리 단위에 사는 사람, 동남 아시아 사람, 중앙 아시아 사람, 중남 아메리카 사람, 아프리카 사람 등등등. 지구 어딘가에서 각자의 나무를 가꾸고 키워내는 사람들이었다.

나는 그들과 함께 숲을 보고 싶었다. 그래서 다양한 사례와 정보를 교차시키는 일에 집중했다. 미얀마의 민간 도서관 건립 사례가 캄보디아로 전해졌다. 중국 유학생과 티벳 유학생이 함께 밥을 먹었다. 중앙 아시아 고려인 청소년을 한국 대학에 진학시켰다. 그대로 적용할 수는 없겠지만 참고가 될 수 있도록 내용을 정리하고 전달했다. 그들의 관점이 점점 넓어지고 깊어지는 것을 보면서 보람을 느꼈다.

현상의 맥락을 이해하고 새로운 환경에 적용시키기 위해서는 탁월한 통찰력을 가져야 했다. 이 능력을 얻기 위해서는 수많은 경험이 필요하다고 생각했기에 과중한 업무를 버텨냈다. 체력이 나날이 떨어졌지만 현명한 상사와 다정한 선배, 싹싹한 후배들에게 둘러싸여 무리하는 줄 몰랐다.

지역으로 나와 문화기획자와 청년을 위한 강사 및 연구자로 일하면서도 마찬가지였다. 소외와 고통에 매몰되어 있는 사람들이 조금 더 높은 곳에서 자신을 바라볼 수 있도록 바쁘게 작업해왔다. 집에서 홀로 그림을 그리던 경력단절여성에게 전시와 아트마켓에 참여할 수 있는 기회를 연결해 주었다. 자신감이 없는 청년 문화기획자를 독려하여 큰 예산의 공모사업을 운영하게 도왔다. 출판 관계자들과 창작자들이 교류하는 파티를 열어 출간 계약으로 이어지게 했다.

일상에 매몰되어 있는 사람들이 세상을 좀 더 크게 인식했으면 좋겠다. 발에 묶인 좌절을 풀어내고 달려나

갔으면 좋겠다. 그리고 끝끝내 멋지게 자립했으면 좋겠다. 인생은 한 번이고 생각보다 짧으므로.

숲을 함께 가꾸는 사람들

10대에는 높은 학업성취와 명문대 진학에 목숨을 걸었다. 20대에는 남부럽지 않은 취업과 연애, 30대에는 결혼과 재테크에 매달렸다. 유복하지 않은 가정환경에서 계층 이동을 하려면 열심히 공부하고 열심히 일하는 수밖에 없었다. 대부분 노력한 만큼의 성과를 얻었고, 때로는 좋은 운이 작용하기도 했다. 원하는 대학에 진학하였고, 만족스러운 직장에서 과장까지 일했으며, 가정적이고 성실한 배우자와 결혼했다. 간절히 원했던 대학원도 졸업했다.

그러다 30대 중반이 되자 몸과 마음이 고장났다. 더 정확히는 고장난 몸과 마음을 드디어 알아챘다. 이대로는 단명하겠다 싶어 직장 생활을 그만 두고 창업을 했다.

월급이 정해져있는 직장인 시절과는 달리 내가 일하는 만큼 성과를 얻을 수 있는 창업자가 더 적성에 맞았다. 물론 이전부터 쌓아올려놓은 인맥과 학위, 자격증 등이 있어 비교적 빠르게 궤도에 올랐지만, 모든 의사결정을 내뜻대로 하는 통제권을 되찾았기에 비로소 앞으로 나아갈 수 있었음을 안다.

고객을 가려받았고 스트레스가 쌓이는 일은 피했다. 예민한 감각과 과도한 정보 처리로 지쳐있는 나를 위해 안전한 환경을 만들었다. 예술에 목이 마른 사람들과 자주 모였다. 함께 그림을 그리고 글을 쓰고 책을 만들고 행사를 진행했다. 우리는 서로에 대해 함부로 평가하거나 무시하지 않았다. 그저 외로운 창작의 길에서 서로를 이끌어주는 파트너가 되어주었다.

창업한지 만 3년이 된 지금, '성공'의 기준이 달라졌다. 지금은 하고 싶은 일을 하는 것, 내 기획을 실현할 수 있는 것이 곧 성공이라 생각한다. 월급을 받지 않는데도 열정적으로 참여해 주는 소중한 사람들 덕분에 꽤 안정적인 기획자가 되었다. 이제는 창작모임,

북토크, 클래스, 파티, 바자회 등 무엇이든 하고 싶은 기획을 펼친다. 나와 함께 숲을 가꾸는 사람들 덕분에 살아가고 있다.

그리고 나의 숲에서 성장한 사람들이 저마다의 색깔대로 새로운 숲을 만들어갈 것이라 믿는다. 자생적이고 자립적인 숲, 그리고 또 다른 숲을 꾸려나갈 사람들을 키워내는 숲 말이다.

큰 노력을 하지 않았는데도
주변 사람들보다 훨씬 잘하는
일이 있었나요?

3장

내가 일하는 법

우리의 속도로

남의 일에 참견하기 좋아하는 나는 여럿이 함께하는 것도 좋아한다. 모든 아이디어가 주변 사람들로부터 나온다. 홀로 작품을 창작하고 불특정 다수의 독자, 관람객에게 감상을 맡기는 방식보다는, 기획부터 실행, 평가까지 여러 사람들과 함께 만들어가는 것을 선호한다.

일반적으로 기획자에게는 기반이 되는 장르가 있다. 어떤 이는 연극배우 출신으로서 공연기획을 하고, 순수회화 작가가 전시기획을 하기도 한다. 작곡을 하다 음악축제를 기획하고, 무용수 은퇴 후 치유 워크숍을 기획하기도 한다. 창작과 실연으로부터 시작된 대부분의 기획자들과 달리 내 기획의 뿌리는 '커뮤니티 디자인'이다.

장학재단에서 일했을 때에는 국내외 교육복지 공동체를 인큐베이팅하는 일을 해왔고, 퇴사 이후에는 지역에서 문화예술 커뮤니티를 기획하고 운영해왔다. 커뮤니티 디자인의 시작은 '콘텐츠'가 아니라 '사람'이다. 사람들의 문제, 필요, 요구를 먼저 파악한 뒤 지역의 특성과 자원을 결합하여 콘텐츠를 기획한다. 그렇다보니 나의 취향과는 동떨어진 일들도 벌이게 된다.

어린 시절 잠시 다녔던 미술학원을 떠올려보면 지루했던 기억만이 남아있다. 하얀 벽 앞에 앉아 하얀 도화지를 두고 한 시간이고 두 시간이고 가만히 앉아있었다. 멋지고 완벽한 그림이 아니면 시작조차 하고 싶어하지 않았다. 그 후로 30대 후반이 될 때까지 스스로를 똥손이라 부르며 그림을 그리지 않았다.

그런데 2023년 9월, 지역의 작가님들이 '드로잉 강서'라는 어반스케치 모임을 만들었다는 소식을 들었다. 참여를 권유받지만 격렬한 저항을 했다. 언제나 완벽을 기하려고 하는 성미상, 볼품없을 게 분명

할 내 그림을 세상에 보일 자신이 없었다.

그로부터 한 달이 지난 10월 모임에서는 테이블 끄트머리에 앉아만 있었다. 그 다음 달인 11월 모임에서는 첫 그림을 그렸다. 방화근린공원 벤치에 앉아 시린 손을 호호 불어가며 펜과 수채물감으로 풍경화를 그렸다. 다들 처음 그리는 것이 맞냐며 칭찬을 해 주셔서 쑥스러웠다. 여러 작가님들과 함께 그림을 그린 후 국수를 먹고 헤어진 이 날의 추억은 여럿이 함께하는 것을 좋아하는 나의 성향을 다시금 확인시켜주었다. 또 나만 다른 사람들의 속도에 맞추고 있었던 것이 아니라, 주변 분들 또한 망설이는 나를 기다려 주고 응원해 주었다는 사실을 깨닫게 되었다.

어반스케치 모임을 양천에도 만들어달라는 여러 작가님들의 요청으로 2024년 1월부터는 '드로잉 양천'을 시작하였다. 매달 첫 번째 일요일 2시부터 4시까지 양천구의 공원, 카페, 공방, 길거리, 전통시장 등을 돌아다니며 그렸다. 초등학생부터 60대까지 여러 세대가 함께했다. 미술 전공자와 비전공자의 경계도 없었다. 장애인도 휠체어를 타고 같이 그림을 그렸다. 성소수자들과 주부들이 요리 이야기를 나누며 함께 그림을 그렸다. 2024년 8월에는 첫 번째 전시를 열었고 2025년 여름, 두 번째 전시를 열었다.

나의 속도가 아닌 우리의 속도로 함께 발걸음을 맞추어 나가는 것이 좋다.

건강하게 집중하는 법

일명 '전투 모드'에 돌입하면 몇 시간이고 일에 빠져 있었다. 물도 마시지 않고 화장실도 가지 않은 채로 몰두했다. 흐름을 끊는 외부자극이 오면 머리 끝까지 화가 났다. 중요한 보고서를 쓸 때도 그랬고 석사 학위 논문을 쓸 때도 그랬다. 가슴이 답답하게 조여오고 이마가 뜨끈해지고 숨을 얕게 쉬는 상태를 지속하면 얼마 지나지 않아 만족스러운 성과를 얻었다. 그러나 그 후유증은 몸에 흔적을 남겼다. 적아 세포를 구분하지 못하고 무조건 공격해대는 자가면역질환을 앓게 된 것이다. 무리하게 생명력을 소진하여 일찍 늙어버린 기분이었다.

건강 문제로 퇴사한 후, 업무 효율성을 극대화 하기

위해 다른 방법을 찾기로 했다. 먼저 책상을 하나 사서 거실에 두고 작업해보았다. 아늑함이 없어서인지 정신이 산만해졌다. 옆에 있는 TV에 시선이 갔고 소파에 자꾸 눕고 싶었다. 그래서 이번에는 작은 방으로 책상을 옮겨보았다. 그러자 반려묘 뽀뽀와 나나가 키보드를 눌러댔다. 도저히 작업할 수 없는 환경이었다.

결국 부동산을 돌았고 목3동에 11평짜리 상가를 계약했다. '문화기획 서로'의 사무실 겸 독립서점 '집사의 책장'을 열고야 만 것이다. 두 달여의 인테리어 공사 끝에 공간을 오픈했지만 넓은 곳에 혼자 있으려니 외로웠다. 게다가 불특정 다수가 불쑥불쑥 문을 열고 들어왔다. 나는 결국 공간에서 도망치기 시작했다. 외부 강의와 미팅, 외주를 있는대로 잡았다. 돈은 꽤 벌었지만 공간을 놀려 두고 있는 것과 개인 작업을 못하고 있다는 것이 죄책감으로 얹혀있었다. 임대차 재계약을 앞두고서야 백기를 들었다. 나는 혼자 있는 것을 못 견디는 사람이고, 통제하지 못하는 상황을 싫어하는 사람이라는 사실을 인정했다.

문화예술창작소 그리다에서도 크게 달라지지 않았

다. 혼자 있을 때에는 여전히 외로웠고, 여럿이 있을 때는 대화와 토론을 하고 싶지 작업이 되지는 않았다. 이제 인정하기로 했다. 고독을 받아들일 때가 되었다고.

지난 겨울, 거실 한가운데에 코타츠를 두었다. 좌식으로 앉아 아이패드와 키보드를 놓고 고양이를 쓰다듬으며 글을 쓰거나 그림을 그리니 일이 진전되었다. 이 자리에서 수많은 고양이 그림 습작과 〈냥타로〉 메이저 아르카나 22장, 〈집사의 책장〉 오라클카드 40장, 〈우장산 캡틴〉 그림책을 완성했다. 이 책도 여기에서 완성되었다.

온라인 출판 수업도 이 자리에서 듣고 있고, 한국수어 연습도 여기서 하고 있다. 이제는 기꺼이 고독을 받아들이며 코타츠와 고양이, 아이패드와 함께 스트레스를 받지 않고 창조성을 이끌어 내고 있다.

냥집사의 하루

성공한 사람들은 공통적으로 '루틴'을 강조한다. 직장인 시절에는 강제로 루틴을 갖고 살았기에 이에 대해 깊이 생각해보지 않았다. 1인 사업자가 되고서는 루틴이 무너질 경우 매출에 바로 타격이 오기 때문에 온갖 자기계발서와 유튜브를 보며 나만의 루틴을 짜보려고 했다. 그러나 워낙 스케줄이 들쭉날쭉하고 프로젝트 마감일이 연말에 몰려있어 실현하지 못했다.

올해부터는 숨 가쁘게 달려왔던 일상을 멈추고 휴식과 어머니 간병에 집중하고 있다보니 자연스럽게 루틴이 정해졌다. 냥집사의 하루는 이러하다.

오전 9시쯤이되면 넷째 냥이 우유가 앞발로 내 어깨를 톡톡 건드리며 "냥~ 냥~" 울며 깨운다. 우유와 아롱이를 쪼물딱거리다가 화장실로 가서 씻는다. 물을 미지근하게 데워 루푸스 약 6알과 세로토닌 2알을 복용한다. 아롱, 뽀뽀, 나나, 우유, 캡틴 다섯 냥이들에게 아침 인사를 하며 논다. 고양이 사료를 주고 혈당 스파이크를 막기 위해서 반숙란 두 알을 먹는다. 11시쯤 아침 겸 점심을 먹고 바로 실내자전거 20~30분을 탄다. 아이패드를 열어 문화예술계 지원 소식과 뉴스를 읽는다. 인스타그램으로 지인들의 피드를 확인한다. 하트를 누르고 댓글을 달고 메시지를 보낸다.

오후에는 주로 외부 스케줄을 소화한다. 월요일, 수요일에는 한국수어 수업을 듣는다. 업무 미팅이나 문화예술 모임에 가기도 하고 병원에도 간다. 요즘은 되도록 자가용을 가지고 다닌다. 슬프게도 다리에 힘이 없어 길거리를 걸을 때 더 많이 다치기 때문이다. 최근에도 빗길에 두 번이나 넘어져 한동안 침을 맞았다.

집에 돌아와서는 흔들의자에 앉아 고양이를 껴안고

드라마, 예능, 영화 등을 본다. 그러면 피곤이 싹 풀린다. 그러다 지인과 통화한다. 예전 직장 때부터 오랜 인연을 이어온 분도 있고, 새롭게 알게 된 예술가도 있다. 체력의 한계로 자주 만나기 어려워서 통화라도 자주하려고 하는 편이다. 자기 전에는 고양이들에게 밥, 물, 약을 챙겨주고 화장실도 비워준다. 침대에 누워 이북리더기로 독서를 하다가 새벽 1시 남짓 스르륵 잠이 든다.

이렇게 하루하루를 보내고 있다.

당신의 평일 루틴을 들려주세요.
그 중에서 다른 사람에게 추천하고
싶은 부분은 무엇인가요?

4장

내가 하고 싶은 일

N년 후의 나

2009년부터 2022년 초반까지는 직장인, 2022년 중반부터 2024년 중반까지 자영업자, 2022년 중반부터 2025년 현재까지 프리랜서로 살았다. 이 커리어를 바탕으로 2026년부터는 선택과 집중을 하여 두 가지 영역에서 일하고 싶다.

먼저, 여러 사람들과 규모 있는 프로젝트를 진행해보고 싶다. 전 직장에서는 팀원으로서 실무를 맡았었지만 이제는 관리직으로 일해보고 싶다. 연간 사업계획을 수립하여 체계적으로 수행해나가는 것이 익숙하기도 하고, 사람을 키워내고 시스템을 만드는 일이 즐겁고 보람있기 때문이다.

또 내년부터 집중하고 싶은 다른 한 영역은 출판이다. 출판은 직업이나 나이의 한계 없이 얼마든지 할 수 있는 일이라 앞으로도 놓지 않으려고 한다. '로컬 커뮤니티 디자인' 노하우를 담은 원고를 대형출판사에 투고하고 싶고, 독립출판물도 꾸준히 만들 것이다. 무엇보다 몇 년째 계획만 세우고 있는 정기 매거진을 꼭 만들고 싶다.

더 나이가 들어 50대가 되면 다섯 반려묘 모두 고양이별로 떠나있을 것이고, 나에게는 자녀도 없으니 남편과 함께 노마드로 이곳저곳 돌아다니며 살고 싶다. 고향인 서울을 벗어나 낯선 곳에서 숲을 만들어가고 싶다. 바닷가, 산속, 소도시, 해외 등 원하는 곳에 머물며 지역의 문제를 발굴하고 적합한 기획을 실험하고 싶다.

이런 생각을 하게 된 계기가 있다. 지난 5월, 경북 영덕군에서 창업한 청년기획자를 만나고 왔다. 인구소멸 위기지역에 거주하며 웰니스 복합문화공간을 만든 과정을 보았다. 낯선 곳에서 사업을 일구어나가는 모습이 부러웠다. 6월에는 경남 함양군의 청년 레지던스 플랫폼에도 다녀왔다. 귀농, 귀촌을 유도하는 것 보다는, 도시에 사는 청년들이 언제든지 쉬어갈 수 있는 비빌언덕을 만든 점이 인상적이었다. 그곳에서 2박 3일간 머물면서 다른 지역에도 이런 모델이 확산되면 좋겠다는 생각을 했다. 더 나아가 나도 이런 프로젝트를 해보고 싶다는 욕심이 생겼다.

지금 이 순간에도 하고 싶은 일이 계속 떠오른다. 과연 죽기 전 은퇴할 수 있을까?

방황 예방 체크리스트

개인사업자에게는 사직서가 없다. 내가 사장이고 직원이기에 그만두려면 홈택스 홈페이지에 들어가 정정신고 또는 폐업신고를 하면 끝이다.

집사의 책장을 운영했을 당시 공간 임대료, 관리비, 장비 렌탈비 등 한 달 고정비로 110만 원이 들었다. 책 판매 수입은 월 10만 원이 안 되었기에 외부 강의나 디자인 외주로 돈을 벌어 공간에 쏟아부었다. 아침에 일어나 휴대폰을 열면 자동이체 메시지가 주르륵 떴다. 숨만 쉬어도 돈이었다. 매일매일 흔들렸다.

결국 2년만에 책방을 정리하며 자영업자에서 프리랜서가 되었다. 이제 가분하게 앞으로 나아갈 수 있을

줄 알았는데 오히려 더뎌졌다. 강의도 지겨워졌고 디자인 외주도 부담스러워졌다. 다시 취업을 해야 하나 고민을 했다. 그 사이 어머니의 암 발병으로 계획이 전면 중단되었다. 그러다 규모가 큰 공모사업에 덜컥 선정되었다. 일단은 벌여놓은 일을 해결해야 했다.

이리저리 방황하는 동안 시간을 흐르고 조급함은 더해갔다. 그래서 '방황 예방 체크리스트'를 만들어보았다. 앞으로의 계획을 세우는 이정표가 되지 않을까 해서였다.

> **〈방황 예방 체크리스트〉**
>
> ☐ 일이 건강에 무리를 주고 있지 않는가?
> ☐ 가족과 보내는 시간을 확보할 수 있는가?
> ☐ 업무를 매뉴얼화 하여 다른 이들에게 보급할 수 있는가?
> ☐ 실현가능성 있는 출구전략을 갖고 있는가?
> ☐ 일이 사회적 약자에게 의미가 있는가?
> ☐ 또 다른 차별을 낳지 않는가?
> ☐ 동물과 자연에는 해를 끼치지 않는가?

위의 체크리스트를 바탕으로 생각한 결과, 문화기획자의 삶을 더 살아가보기로 했다. 아직 하고 싶은 일을 할 수 있는 체력과 자원이 남아있고, 내 기획은 주로 사회적 약자에게 의미있는 활동이기 때문이다.

나를 이해하는 여정

〈그래서, 내가누군데? - 일〉의 저자 이은지 작가의 주도로 2025년 4월부터 6월까지 문화예술창작소 그리다에서 〈직업 말고 내:일 찾는 글쓰기 프로젝트〉가 진행되었다. 이 프로젝트는 지금 하고 있는 일이 맞는지 고민하며 방황하고 있는 사람, 퇴사 이후 앞으로의 방향을 찾고 싶은 사람, 좋아하는 일과 삶의 방향을 더 명확하게 정리하고 싶은 사람 등을 대상으로 기획되었다.

마흔 살이 된 시점에서 앞으로의 진로를 고민하고 있던 나에게 와닿는 프로그램이었다. 변아롱, 홍미량 작가와 쪼르르 앉아 매 회차마다 이은지 작가가 마련한 질문과 글감을 바탕으로 글을 썼다.

1회차에는 '좋아하는 일, 몰입, 내:일'을, 2회차에는 '버티게 하는 힘, 자립, 진짜 성공'을, 3회차에는 '나의 속도와 흐름, 가장 효율적인 나, 루틴 설계'를, 4회차에는 'N년 후의 나, 흔들릴 때마다 꺼내보는 내:일 안전설계서'에 대해 쏟아냈다.

이 프로젝트를 통해 내가 좋아하는 일과 잘하는 일에 대해 생각해보고 나의 실제 라이프 스타일과 욕망, 남은 인생의 소명까지 생각해볼 수 있었다. 막연한 생각을 처음으로 적어보았고, 동료 작가들의 피드백을 받으며 두 번, 세 번 다시 썼다. 그런데 퇴고 시간이 7월로 길어지면서 'N년 후의 나'에 대한 생각이 변화해갔다. 새로운 경험이 더해진 것이다. 그럴 때마다 고쳐썼지만, 끝도 없이 고칠 것 같아 2025년 8월 31일로 마무리 하였다.

다시 시작하기 딱 좋은 나이, 마흔에 나를 이해하는 여정을 가져 다행이다. 인생 이모작, 삼모작을 고민하고 있다면 이 책의 질문과 함께 답을 해보면 어떨까?

남은 수명을 가치있게 사용하기 위해
하고 싶은 일은 무엇인가요?

다시 시작하기 딱 좋은 나이, 마흔

초판발행	2025.9.30.
지은이	김효정
발행처	문화예술창작소 그리다
출판등록	제2023-000055호(2023년 8월 22일)
전자우편	aninara2040@naver.com
정가	11,000원
ISBN	979-11-991159-5-8(02800)

이 저작물은 강원특별자치도에서 제작한 '강원교육모두'로 제작되었습니다.

본 책은 「대한민국 저작권법」에 의해 보호받는 저작물입니다. 작성된 모든 내용에 대한 권리는 창작자에게 있으며, 창작자의 동의 없이 본 책의 일부 또는 전체를 무단으로 복제, 배포하거나 2차적 저작물로 재편집하는 행위는 금지됩니다. 이를 위반할 경우, 저작권법에 따라 5년 이하의 징역 또는 5천만 원 이하의 벌금에 처해질 수 있으며, 민사상 손해배상을 청구할 수 있습니다.